Commentaire

Par Fanny Scarbotte

Les Méditations métaphysiques

La preuve de l'existence de Dieu

Descartes

lePetitPhilosophe.fr

DESCARTES

- **Né en 1596 à La Haye**
- **Décédé en 1650 à Stockholm**
- **Quelques-unes de ses œuvres :**
  - *Règles pour la direction de l'esprit* (1628)
  - *Discours de la méthode* (1637)
  - *Les Méditations métaphysiques* (1641)

Né en 1596 dans une famille noble, René Descartes fait ses études au collège jésuite de La Flèche, où il se prend d'**admiration pour la rigueur du raisonnement mathématique**. En 1629, après une initiation aux métiers des armes et de multiples voyages, Descartes décide de **s'installer en Hollande** où règne un climat intellectuel de tolérance. Il y débute l'écriture des ***Règles pour la direction de l'esprit***, ouvrage inachevé dans lequel il prescrit les règles à suivre pour mener des jugements solides et vrais. En 1637 parait le ***Discours de la méthode***, dans lequel le philosophe définit les préceptes de sa méthode de connaissance. Descartes écrit ensuite ***Les Méditations métaphysiques***, qui seront publiées en 1641 et dont l'objectif est d'établir les fondements de la connaissance. En septembre 1649, il s'installe à Stockholm afin de donner des cours particuliers de philosophie à la reine Christine de Suède. Il y meurt en février 1650.

LES MÉDITATIONS MÉTAPHYSIQUES

LES FONDEMENTS DE LA CONNAISSANCE CARTÉSIENNE

Rédigées en latin puis traduites en français, *Les Méditations métaphysiques* de Descartes ont été **publiées en 1641** à Paris. Elles sont composées de **six méditations** suivies par des *Objections* rédigées par d'autres philosophes et auxquelles Descartes apportera ses *Réponses*.

L'originalité de cette œuvre réside dans sa construction : **il s'agit à la fois d'un cheminement de la pensée et de l'élaboration d'un système rigoureux**. La réflexion de Descartes est d'ordre métaphysique et se présente comme une philosophie première, c'est-à-dire une science des causes premières dont les objets sont Dieu et les vérités éternelles. L'entreprise du philosophe consiste à examiner ces objets de manière rationnelle afin d'en proposer un fondement indubitable, le but ultime étant d'assurer à la connaissance une base certaine.

MISE EN CONTEXTE

LA MÉTHODE CARTÉSIENNE

Le projet de Descartes

Le projet philosophique de Descartes est d'**élaborer une méthode qui garantisse le bon usage de la raison et par laquelle l'homme pourra distinguer le vrai du faux**. En effet, selon le philosophe, tout individu possède en lui la raison ou le « bon sens ». Toutefois, force est de constater qu'on commet des erreurs de jugement. Pourquoi ? Descartes répond que l'erreur nait d'une mauvaise conduite de la raison. En somme, avoir du bon sens ne suffit pas, encore faut-il l'utiliser correctement.

Le philosophe entend donc proposer une méthode nous permettant de bien utiliser notre raison et, par-là, d'arriver à discerner le vrai du faux de manière certaine. Pour ce faire, à partir du constat que le raisonnement mathématique parvient à établir des vérités indubitables (dont on ne peut douter), il décide d'**appliquer les principes de la raison mathématique à la connaissance du réel afin de garantir la validité de nos jugements**.

Les quatre préceptes de la méthode cartésienne

Cette méthode se compose de **quatre préceptes** (ou règles) que Descartes développe dans le *Discours de la méthode*. Ceux-ci ont pour but d'aider l'homme à établir un jugement valide, tout comme la méthode mathématique permet au mathématicien de résoudre un problème et d'établir une vérité.

En premier lieu, Descartes évoque **le précepte de l'évidence**. Il s'agit du principe de base de sa méthode, selon lequel **il ne faut considérer comme vrai que ce que notre raison reconnait de manière évidente comme tel**. Cela signifie deux choses :

- tout d'abord, tout doit être soumis à l'examen de notre raison. Ce que nous avons appris de la tradition ou de l'autorité ne peut avoir valeur de vérité comme tel, c'est-à-dire sans être soumis au jugement critique de la raison ;
- ensuite, le critère de jugement de notre raison doit être l'évidence. Ce qui est vrai pour Descartes est ce qui apparait à la raison de manière évidente, c'est-à-dire de manière claire et distincte. La vérité ne contient aucune part d'ombre ou de doute. Elle est indubitable.

On trouve ensuite **le précepte de l'analyse**, qui consiste à **décomposer tout problème en des termes simples**. Plus précisément, tout problème est composé d'éléments qu'il s'agit de diviser aussi loin que possible jusqu'à ce qu'on arrive aux éléments constitutifs les plus simples, qui sont aussi les plus évidents. Autrement dit, il faut réduire le complexe en éléments simples.

À présent, afin de conférer de la solidité au raisonnement, on applique le processus inverse, qui est **le précepte de la synthèse** (ou de l'ordre) : il s'agit de **remonter, de manière strictement ordonnée, des éléments les plus simples (les plus évidents) aux éléments les plus complexes**. L'idée d'ordre est très importante : chaque élément est déduit de celui qui le précède, ce qui garantit la véracité du raisonnement.

On peut exemplifier les préceptes d'analyse et de synthèse par **l'image d'une chaine** dont chaque maillon représente un élément. Après avoir identifié chaque maillon (analyse), il s'agit de vérifier que chacun d'eux est solidement attaché à celui qui le suit. Ce faisant, nous remontons toute la chaine, selon un ordre strict (synthèse). La chaine est solide, d'une part parce qu'elle repose sur des éléments évidents, et d'autre part parce que les rapports qui lient les maillons de cette chaine ont été déduits les uns des autres.

Finalement, il s'agit de vérifier la cohérence du raisonnement par **le précepte du dénombrement** (ou de la vérification), qui consiste à **s'assurer de la continuité du raisonnement**. Pour ce faire, il faut vérifier qu'aucun élément du raisonnement n'a été oublié. Il ne doit pas y avoir de rupture dans la chaine de déduction. Ainsi, le raisonnement apparaitra comme clair et distinct, autrement dit comme évident.

LE MÉCANISME CARTÉSIEN

Descartes propose par ailleurs une **vision mécaniste de la nature** qui se détache de la vision de la nature alors dominante à son époque et héritée de la philosophie d'Aristote (384-322 av. J.-C.).

La tradition aristotélicienne

Selon Aristote, **l'univers est fini, son centre est la Terre (immobile) et sa fin (ce qui le limite) est une grande**

sphère en mouvement vers l'Est sur laquelle les étoiles sont fixées. Entre la Terre et cette sphère, il y a sept sphères homocentriques portant les sept planètes. Aristote divise par ailleurs cet univers en deux, en distinguant :

- **le monde terrestre**, soit tout ce qu'il y a sous la Terre. De par leur nature, les corps du monde terrestre sont marqués par la génération et la corruption, la vie et la mort, la croissance et la décroissance. En somme, le monde terrestre se caractérise par la contingence (il pourrait ne pas exister) et l'imperfection ;
- **le monde céleste**, c'est-à-dire tout ce qu'il y a au-dessus de la Terre. À la différence des corps terrestres, les corps célestes demeurent immuables, éternels et incorruptibles. Bref, le monde céleste est marqué par la nécessité et la perfection. Dès lors, il est **qualitativement différent** du monde terrestre et cette différence qualitative se fonde sur une **différence de nature**.

Ainsi, on remarque que chez Aristote, **la physique (l'étude de la nature) est qualitative** : le philosophe déduit les lois physiques en observant la nature des corps. Il s'oppose en cela à une physique quantitative qui déduit ses lois de l'observation des quantités. La conception aristotélicienne de la physique implique que les **lois qui régissent l'univers sont différentes en fonction de la nature des corps auxquels elles se rapportent** (corps célestes ou corps terrestres).

La révolution copernicienne

Aux **XVIe et XVIIe siècles** s'opère la révolution copernicienne. À la suite de l'astronome polonais Nicolas Copernic

(1473-1543), Johannes Kepler (1571-1630) et Galilée (1564-1642) défendent l'idée que **la Terre n'est pas le centre de l'univers**, mais qu'il s'agit du Soleil. Ainsi, ces scientifiques se détachent de la cosmologie aristotélicienne. Dès lors, la distinction entre monde terrestre et monde céleste n'a plus lieu d'être.

L'univers devient qualitativement homogène (de même nature), et Galilée pose **l'hypothèse que la nature est écrite en langage mathématique**. Il devient alors possible d'établir des lois basées sur le calcul et la mesure pour expliquer le fonctionnement de la nature. Autrement dit, on construit désormais une **physique quantitative**, par opposition à la physique qualitative d'Aristote.

La « nature-machine » cartésienne

À la suite de Galilée, Descartes défend l'idée que la nature s'explique par la raison mathématique. Plus précisément, selon lui, **la nature tout entière est une machine régie par un ensemble de mécanismes**. Il ne s'agit plus de se poser la question du « pourquoi », mais bien du « comment ». Autrement dit, le philosophe et mathématicien entend mettre à jour des lois basées sur des expériences rigoureusement menées à l'aide de calculs et de mesures. Et cela vaut également pour le corps humain, considéré comme une machine au sein de laquelle différentes parties entrent en interaction.

Précisons également que **Descartes distingue l'âme et le corps**. On parle de dualisme. Il s'agit selon lui de deux substances hétérogènes : tandis que l'âme est esprit, substance pensante, le corps est matière, c'est-à-dire substance étendue.

Descartes se pose également la question de savoir d'où vient la vie : comment expliquer la création de la machine vivante ? De la même manière que l'existence de l'horloge implique un horloger, la vie implique un machiniste, c'est-à-dire **l'existence d'un Dieu créateur**. C'est dans la troisième de ses *Méditations métaphysiques* qu'il s'attache à prouver l'existence de Dieu.

TEXTE

LA PREUVE DE L'EXISTENCE DE DIEU

Partant il ne reste que la seule idée de Dieu, dans laquelle il faut considérer s'il y a quelque chose qui n'ait pu venir de moi-même. Par le nom de Dieu j'entends une substance infinie, éternelle, immuable, indépendante, toute connaissance, toute puissante, et par laquelle moi-même, et toutes les autres choses qui sont (s'il est vrai qu'il y en ait qui existent) ont été créées et produites. Or ces avantages sont si grands et si éminents que plus attentivement je les considère, et moins je me persuade que l'idée que j'en ai puisse tirer son origine de moi seul. Et par conséquent il faut nécessairement conclure de tout ce que j'ai dit auparavant, que Dieu existe ; car, encore que l'idée de la substance soit en moi, de cela même que je suis une substance je n'aurai pas néanmoins l'idée d'une substance infinie, moi qui suis un être fini, si elle n'avait été mise en moi par quelque substance qui fût véritablement infinie.

Et je ne me dois pas imaginer que je ne conçois pas l'infini par une véritable idée, mais seulement par la négation de ce qui est fini, de même que je comprends le repos et les ténèbres par la négation du mouvement et de la lumière : puisqu'au contraire je vois manifestement qu'il se rencontre plus de réalité dans la substance infinie que dans la substance finie, et partant que j'ai en quelque façon premièrement en moi la notion de l'infini que du fini, c'est-à-dire de Dieu, que de moi-même. Car comment serait-il possible que je pusse connaître, que je doute et que je désire, c'est-à-dire qu'il me manque quelque chose et que je ne suis pas tout parfait, si je n'avais en moi aucune idée d'un être plus parfait que le mien, par la comparaison duquel je ne connaitrais les défauts de ma nature ?

Et l'on ne peut pas dire que peut-être cette idée de Dieu est matériellement fausse, et par conséquent je la puis tenir du néant, c'est-à-dire qu'elle peut être en moi pour ce que j'ai du défaut, comme j'ai dit ci-devant des idées de la chaleur et du froid, et d'autres choses semblables : car, au contraire, et contenant en soi plus de réalité objective qu'une autre, il n'y en a point qui soit de soi plus vraie, ni qui puisse être moins soupçonnée d'erreur et de fausseté.

L'idée, dis-je, de cet être souverainement parfait et infini est entièrement vraie ; car, encore que peut être l'on puisse feindre qu'un tel être n'existe point, on ne peut pas feindre néanmoins que son idée ne me représente rien de réel, comme j'ai tantôt dit de l'idée du froid.

Cette même idée est aussi fort claire et fort distincte, puisque tout ce que mon esprit conçoit clairement et distinctement de réel et de vrai, et qui contient en soi quelque perfection, est contenu et renfermé tout entier dans cette idée.

Et ceci ne laisse pas d'être vrai, encore que je ne comprenne pas l'infini, ou même qu'il se rencontre en Dieu une infinité de choses que je ne puis comprendre, ni peut-être aussi atteindre aucunement par la pensée : car il est de la nature de l'infini, que ma nature, qui est finie et bornée, ne le puisse comprendre ; et il suffit que je conçoive bien cela, et que je juge que toutes les choses que je conçois clairement, et dans lesquelles je sais qu'il y a quelque perfection, et peut-être aussi une infinité d'autres que j'ignore, sont en Dieu formellement ou éminemment, afin que l'idée que j'en ai soit la plus vraie, la plus claire et la plus distincte de toutes celles qui sont en mon esprit.

Mais peut-être aussi que je suis quelque chose de plus que je ne m'imagine, et que toutes les perfections que j'attribue à la nature d'un Dieu, sont en quelque façon en moi en puissance, quoiqu'elles ne se produisent pas encore, et ne se fassent pas paraître par leurs actions. En effet j'expérimente déjà que ma connaissance s'augmente et se perfectionne peu à peu, et je ne vois rien qui la puisse s'empêcher de s'augmenter de plus en plus jusqu'à l'infini ; puis, étant ainsi accrue et perfectionnée, je ne vois rien qui empêche que je puisse acquérir par son moyen toutes les autres perfections de la nature divine ; et enfin il semble que la puissance que j'ai pour l'acquisition de ces perfections, si elle est en moi, peut-être capable d'y imprimer et d'y introduire leurs idées. Toutefois en y regardant un peu de près, je reconnais que cela ne peut être ; car, premièrement, encore qu'il fût vrai que ma connaissance acquît tous les jours de nouveaux degrés de perfection, et qu'il y eût en ma nature beaucoup de choses en puissance, qui n'y sont pas encore actuellement toutefois tous ces avantages n'appartiennent et n'approchent en aucune sorte de l'idée que j'ai de la Divinité, dans laquelle rien ne se rencontre seulement en puissance, mais tout y est actuellement et en effet. Et même n'est-ce pas un argument infaillible et très certain d'imperfection en ma connaissance, de ce qu'elle s'accroît peu à peu, et qu'elle s'augmente par degrés ? Davantage, encore que ma connaissance s'augmentât de plus en plus, néanmoins je ne la laisse pas de concevoir qu'elle ne saurait être actuellement infinie, puisqu'elle n'arrivera jamais à un si haut point de perfection, qu'elle ne soit encore capable d'acquérir quelque plus grand accroissement. Mais je conçois Dieu actuellement infini en un si haut degré, qu'il ne se peut rien ajouter à la souveraine perfection qu'il possède. Et enfin je comprends fort bien que l'être objectif d'une idée ne peut être produit par un être qui existe seulement en puissance, lequel à proprement parler, n'est rien, mais seulement par un être formel ou actuel.

Et certes je ne vois rien en tout ce que je viens de dire, qui ne soit très aisé à connaître par la lumière naturelle à tous ceux qui voudront y penser soigneusement ; mais lorsque je relâche quelque chose de mon attention, mon esprit se trouvant obscurci et comme aveuglé par les images des choses sensibles, ne se ressouvient pas facilement de la raison pourquoi l'idée que j'ai d'un être plus parfait que le mien, doit nécessairement avoir été mise en moi par un être qui soit en effet plus parfait.

C'est pourquoi je veux ici passer outre, et considérer, si moi-même qui ai cette idée de Dieu, je pourrais être, en cas qu'il n'y eut point de Dieu. Et je me demande, de qui aurais-je mon existence ? Peut-être de moi-même, ou de mes parents, ou bien de quelques autres causes moins parfaites que Dieu ; car on ne peut rien imaginer de plus parfait ni même d'égal à lui.

Or, si j'étais indépendant de tout autre, et que je ne fusse moi-même l'auteur de mon être, certes, je ne douterai d'aucune chose, je ne concevrais plus de désir, et enfin, il ne me manquerait aucune perfection ; car je me serais donné moi-même toutes celles dont j'ai en moi quelque idée, et ainsi, je serais Dieu.

Et je ne dois point m'imaginer que les choses qui me manquent sont peut-être plus difficiles à acquérir, que celles dont je suis déjà en possession ; car au contraire il est très certain qu'il a été beaucoup plus difficile que moi, c'est-à-dire une chose ou une substance qui pense, sois sorti du néant, qu'il ne me serait d'acquérir les lumières et les connaissances de plusieurs choses que j'ignore, et qui sont que des accidents de cette substance. Et ainsi sans difficulté, si je m'étais moi-même donné ce plus que je viens de dire, c'est-à-dire si j'étais l'auteur de ma naissance et de mon existence, je ne me serais pas privé au moins des choses qui sont de plus facile acquisition, à savoir de beaucoup de connaissances dont ma nature est dénuée ; je ne me serais pas privé non plus d'aucune des choses qui sont contenues dans l'idée que je conçois de Dieu, parce qu'il n'y en a aucune qui me semble de plus difficile acquisition[1] ; et s'il en avait quelqu'une, certes elle me paraîtrait telle (supposé que j'eusse de moi toutes les autres choses que je possède), puisque j'expérimenterais que ma puissance s'y terminerait, et ne serais pas capable d'y arriver.

Et encore que je puisse supposer que peut-être j'ai toujours été comme je suis maintenant, je ne saurais pas pour cela évi-ter la force de ce raisonnement, et ne laisse pas de connaître

---

1. « Qui me semble plus difficile à faire. »

qu'il est nécessaire que Dieu soit l'auteur de mon existence[2]. Car tout le temps de ma vie peut être divisé en une infinité de parties, chacune desquelles ne dépend en aucune façon des autres ; et ainsi, de ce qu'un peu auparavant j'ai été, il ne s'ensuit pas que je doive maintenant être, si ce n'est qu'en ce moment quelque cause me produise et me crée, pour ainsi dire, derechef, c'est-à-dire me conserve.

En effet, c'est une chose bien claire et bien évidente (à tous ceux qui considéreront avec attention la nature du temps), qu'une substance, pour être conservée dans tous les moments qu'elle dure, a besoin du même pouvoir et de la même action qui serait nécessaire pour la produire et la créer tout de nouveau, si elle n'était point encore. En sorte que la lumière naturelle nous fait voir clairement que la conservation et la création ne diffèrent qu'au regard de notre façon de penser, et non point en effet.

Il faut donc seulement ici que je m'interroge moi-même, pour savoir si je possède quelque pouvoir et quelque vertu, qui soit capable de faire en sorte que moi, qui suis maintenant, sois encore à l'avenir : car, puisque je ne suis rien qu'une chose qui pense (ou du moins puisqu'il ne s'agit encore jusques ici précisément que de cette partie-là de moi-même), si une telle puissance résidait en moi, certes je devrais à tout le moins le penser, et en avoir connaissance[3], mais je n'en ressens aucune dans moi, et par-là je connais évidemment que je dépends de quelque être différent de

---

2. « De ce raisonnement, comme s'il s'en suivait qu'il n'y a pas à chercher d'auteur à mon existence. »
3. « Certes j'en serai conscient. »

moi.

Peut-être aussi que cet être-là, duquel je dépends, n'est pas ce que j'appelle Dieu, et que je suis produit, ou par mes parents, ou par quelques autres causes moins parfaites que lui. Tant s'en faut, cela ne peut être ainsi. Car, comme j'ai déjà dit auparavant, c'est une chose très évidente qu'il doit y avoir au moins autant de réalité dans la cause que dans son effet. Et partant, puisque je suis une chose qui pense, et qui ai en moi quelque idée de Dieu, quelle que soit enfin la cause que l'on attribue à ma nature, il faut nécessairement avouer qu'elle doit pareillement être une chose qui pense et posséder en soi l'idée de toutes les perfections que j'attribue à la nature Divine. Puis l'on peut derechef rechercher si cette cause tient son origine et son existence de soi-même, ou de quelque autre chose. Car si elle la tient de soi-même, il s'ensuit, par les raisons que j'ai ci-devant alléguées, qu'elle-même doit être Dieu ; puisqu'ayant la vertu d'être et d'exister par soi, elle doit aussi avoir sans doute la puissance de posséder actuellement toutes les perfections dont elle conçoit les idées, c'est-à-dire toutes celles que je conçois être en Dieu. Que si elle tient son existence de quelque autre cause que de soi, on demandera derechef, par la même raison, de cette seconde cause, si elle est par soi, ou par autrui, jusqu'à ce que de degrés en degrés on parvienne enfin à une dernière cause qui se trouvera être Dieu. Et il est très manifeste qu'en cela il ne peut y avoir de progrès à l'infini, vu qu'il ne s'agit pas tant ici de la cause qui m'a produit autrefois, comme de celle qui me conserve présentement.

On ne peut pas feindre aussi que peut-être plusieurs causes

ont ensemble concouru en partie à ma production, et que de l'une j'ai reçu l'idée d'une des perfections que j'attribue à Dieu, et d'une autre l'idée de quelque autre, en sorte que toutes ces perfections se trouvent bien à la vérité quelque part dans l'Univers, mais ne se rencontrent pas toutes jointes et assemblées dans une seule qui soit Dieu. Car, au contraire, l'unité, la simplicité, ou l'inséparabilité de toutes les choses qui sont en Dieu, est une des principales perfections que je conçois être en lui ; et certes l'idée de cette unité et assemblage de toutes les perfections de Dieu, n'a pu être mise en moi par aucune cause, de qui je n'aie point aussi reçu les idées de toutes les autres perfections. Car elle ne peut pas me les avoir fait comprendre[4] ensemble jointes et inséparables, sans avoir fait en sorte en même temps que je susse ce qu'elles étaient, et que je les connusse toutes en quelque façon.

Pour ce qui regarde mes parents, desquels il semble que je tire ma naissance, encore que tout ce que j'en ai jamais pu croire soit véritable, cela ne fait pas toutefois que ce soit eux qui me conservent, ni qui m'aient fait et produit en tant que je suis une chose qui pense, puisqu'ils ont seulement mis quelques dispositions dans cette matière, en laquelle je juge que moi, c'est-à-dire mon esprit, lequel seul je prends maintenant pour moi-même, se trouve renfermé ; et partant il ne peut y avoir ici à leur égard aucune difficulté, mais il faut nécessairement conclure que, de cela seul que j'existe, et que l'idée d'un être souverainement parfait (c'est-à-dire de Dieu) est en moi, l'existence de Dieu est très évidemment

---

4. « Certes j'en serai conscient. »

démontrée.

Il me reste seulement à examiner de quelle façon j'ai acquis cette idée. Car je ne l'ai pas reçue par les sens, et jamais elle ne s'est offerte à moi contre mon attente, ainsi que font les idées des choses sensibles, lorsque ces choses se présentent ou semblent se présenter aux organes extérieurs de mes sens. Elle n'est pas aussi une pure production ou fiction de mon esprit ; car il n'est pas en mon pouvoir d'y diminuer ni d'y ajouter aucune chose. Et par conséquent il ne reste plus autre chose à dire, sinon que, comme l'idée de moi-même, elle est née et produite avec moi dès lors que j'ai été créé.

Et certes on ne doit pas trouver étrange que Dieu, en me créant, ait mis en moi cette idée pour être comme la marque de l'ouvrier empreinte sur son ouvrage ; et il n'est pas aussi nécessaire que cette marque soit quelque chose de différent de ce même ouvrage. Mais de cela seul que Dieu m'a créé, il est fort croyable qu'il m'a en quelque façon produit à son image et semblance, et que je conçois cette ressemblance (dans laquelle l'idée de Dieu se trouve contenue) par la même faculté par laquelle je me conçois moi-même ; c'est-à-dire que, lorsque je fais réflexion sur moi, non seulement je connais que je suis une chose imparfaite, incomplète, et dépendante d'autrui, qui tend et qui aspire sans cesse à quelque chose de meilleur et de plus grand que je ne suis, mais je connais aussi, en même temps, que celui duquel je dépends, possède en soi toutes ces grandes choses auxquelles j'aspire, et dont je trouve en moi les idées, non pas indéfiniment et seulement en puissance, mais qu'il en jouit en effet, actuellement et infiniment, et ainsi qu'il est Dieu.

Et toute la force de l'argument dont j'ai ici usé pour prouver l'existence de Dieu, consiste en ce que je reconnais qu'il ne serait pas possible que ma nature fût telle qu'elle est, c'est-à-dire que j'eusse en moi l'idée d'un Dieu, si Dieu n'existait véritablement ; ce même Dieu, dis-je, duquel l'idée est en moi, c'est-à-dire qui possède toutes ces hautes perfections, dont notre esprit peut bien avoir quelque idée sans pourtant les comprendre toutes, qui n'est sujet à aucun défaut, et qui n'a rien de toutes les choses qui marquent quelque imperfection.

D'où il est assez évident qu'il ne peut être trompeur, puisque la lumière naturelle nous enseigne que la tromperie dépend nécessairement de quelque défaut.

Mais, auparavant que j'examine cela plus soigneusement, et que je passe à la considération des autres vérités que l'on en peut recueillir, il me semble très à propos de m'arrêter quelque temps à la contemplation de ce Dieu tout parfait, de peser tout à loisir ses merveilleux attributs, de considérer, d'admirer et d'adorer l'incomparable beauté de cette immense lumière, au moins autant que la force de mon esprit, qui en demeure en quelque sorte ébloui, me le pourra permettre.

Car, comme la foi nous apprend que la souveraine félicité de l'autre vie ne consiste que dans cette contemplation de la Majesté divine, ainsi expérimentons-nous dès maintenant qu'une semblable méditation, quoique incomparablement moins parfaite, nous fait jouir du plus grand contentement que nous soyons capables de ressentir en cette vie.

DESCARTES (René), Les Méditations métaphysiques, Paris, GF-Flammarion, 1992, extrait de « La méditation troisième. De Dieu, qu'il existe », p. 115-131.

EXPLICATION ET ANALYSE DU TEXTE

Le doute radical

Si dans le *Discours de la méthode*, Descartes construit sa méthode de connaissance, *dans Les Méditations métaphysiques*, il s'attache à **poser les bases de la connaissance**. Pour ce faire, il entend **établir un ensemble de vérités fondamentales** qui conféreront à la connaissance toute la stabilité et la solidité qu'elle requiert et qui la rendront valide.

En tant que fondement de toutes les connaissances, ces vérités doivent apparaitre à l'esprit de manière claire et distincte. Il s'agit donc de respecter le principe de l'évidence. Pour ce faire, le philosophe applique **la méthode du doute radical et systématique**, et ce jusqu'à ce qu'il arrive à établir un fondement stable et assuré à sa connaissance. Autrement dit, Descartes décide de **rejeter de manière provisoire tout ce qui n'apparait pas à la raison comme certain jusqu'à ce qu'il arrive à atteindre une vérité indubitable** sur laquelle fonder sa science. Il s'agit d'un exercice de déconstruction-reconstruction.

La nécessité de la preuve de l'existence de Dieu

L'ordre des méditations respecte un cheminement de pensée rigoureux. Premièrement, Descartes explique les raisons qu'il a de douter et l'utilité du doute (première méditation).

Ensuite, il applique sa **méthode du doute radical et systé-**

matique (deuxième méditation) :

- d'abord, il rejette ce que nous connaissons par nos sens, argumentant qu'ils ne sont pas fiables ;
- ensuite, il rejette ce que nous connaissons par l'exercice de notre raison : d'une part la raison est dirigée par l'homme et l'homme est faillible, d'autre part le philosophe pose l'hypothèse du malin génie. En effet, selon lui, il se pourrait qu'il y ait un Dieu trompeur qui fasse en sorte que ce qui apparait à notre raison de manière claire et distincte (comme les mathématiques : 2 + 2 = 4) soit en réalité faux ;
- ainsi, Descartes arrive à la première conclusion que **la seule chose dont il ne peut douter, c'est justement qu'il doute, donc qu'il pense et, par conséquent, qu'il existe** : « Je pense donc je suis » (« *Cogito ergo sum* »).

Or si la seule certitude qu'il a est d'exister en tant que chose pensante, deux questions se posent :

- premièrement, **comment garantir la réalité du monde extérieur ?** En effet, ce que la raison distingue de manière claire et distincte est vrai, mais la véracité d'une chose ne permet pas de prouver son existence ;
- deuxièmement, **comment garantir la véracité des idées innées** (c'est-à-dire produites par l'esprit) comme l'étendue, la durée, la substance, Dieu, etc., puisque notre raison elle-même pourrait être sous l'influence d'un mauvais génie et nous tromper quant aux idées qui sont en nous ?

À partir de la seule évidence du *cogito*, Descartes doit dès lors trouver ce qui va garantir la valeur de notre connaissance et prouver l'existence du monde extérieur. Et **cette garantie, c'est l'existence de Dieu**, dont il fournit la preuve dans la troisième méditation.

LA PREUVE DE L'EXISTENCE DE DIEU

Descartes démontre l'existence de Dieu à la fois comme cause nécessaire de son idée en moi et comme cause nécessaire de mon être.

Dieu comme cause nécessaire de son idée en moi

Descartes souligne **qu'il y a dans la substance pensante une idée innée qui ne peut avoir été engendrée par elle-même : l'idée de Dieu.**

Ce qui caractérise l'idée de Dieu, c'est sa perfection : l'idée de Dieu est parfaite et la caractéristique intrinsèque de la perfection est son infinité. Dieu est donc à la fois un être complet à qui rien ne manque et un être infini. Aucun être ne peut être plus parfait que lui, ni égal à lui. **Moi, substance pensante, je suis un être qui doute, ce qui est incontestablement un signe d'imperfection et de limitation**. Ma connaissance actuelle est limitée. En somme, je suis un être fini.

Si moi, substance pensante et finie, possède en mon esprit cette idée d'être infini qu'est Dieu, d'où vient cette idée ? Est-ce moi qui l'ai créée ? Cette supposition semble absurde. En effet, **comment l'imparfait et le fini pourrait-il engendrer l'idée de perfection et d'infini ?**

Chaque idée que j'ai en moi a une cause dont elle est l'effet. Selon Descartes, il doit y avoir autant de réalité dans la cause que dans l'effet. Autrement dit, l'idée que j'ai de la pierre (effet causé par l'existence de la pierre) contient autant de réalité que la pierre elle-même (cause de l'idée de la pierre en moi). Cependant, **si elle est aussi réelle que sa cause, l'idée contient cependant souvent moins de perfection** que ce qu'elle représente ou, du moins, elle n'en contient jamais plus. Le philosophe illustre sa pensée en comparant les idées à des tableaux : les idées que j'ai en moi sont comme des tableaux.

La particularité concernant **l'idée de Dieu** réside dans le fait que **sa cause doit contenir, non pas autant, mais bien plus de perfections** que l'idée de Dieu elle-même, puisque rien ne peut égaler la perfection divine. Or cela exclut d'emblée la substance pensante comme cause de l'idée de Dieu, puisque la substance pensante demeure imparfaite et finie. Ainsi, **la substance pensante ne peut être la cause de l'idée de Dieu qu'elle a en elle**.

Toutefois, on pourrait supposer que, par la négation intellectuelle de mes propres limites l'idée, d'un être parfait puisse naitre en moi. En effet, pour reprendre l'exemple cartésien, par négation de l'idée du froid, on peut comprendre l'idée du chaud, et par négation de l'idée des ténèbres, on peut comprendre l'idée de la lumière. De la même manière, **l'idée de Dieu (être parfait) pourrait-elle être une négation intellectuelle de l'idée que la substance pensante a d'elle-même (être imparfait) ?** Non. Cela est également **impossible**. Si l'idée de Dieu était une simple négation intellectuelle, **elle serait matériellement fausse**. Autrement dit, elle n'existerait pas. Cette hypothèse est réfutable pour deux raisons :

- premièrement, l'idée de Dieu contient toutes les perfections. Cela signifie qu'elle a plus de réalité que toutes les autres idées. Elle ne peut donc pas être matériellement fausse ;
- deuxièmement, l'idée de Dieu apparait à la substance pensante de manière claire et distincte. Autrement dit, elle ne peut contenir de la fausseté, elle est vraie. Ainsi, elle ne peut avoir été engendrée par simple négation intellectuelle.

Dès lors, Descartes en conclut que **l'idée de Dieu représente bien quelque chose de réel qui ne peut avoir été causé par la substance pensante elle-même**.

Certes, la substance pensante est finie. Cependant, ne pouvons-nous pas lui accorder certaines perfections au même titre que celles que contient l'idée de Dieu ? Par exemple, Descartes éprouve déjà l'amélioration constante de sa connaissance. Ne peut-elle constamment s'améliorer jusqu'à atteindre la perfection ? Et, de par cette perfection, lui donner la possibilité de lui attribuer d'autres perfections ? Non ! **Ces perfections que possède la substance pensante sont des perfections en puissance**. Par-là même, elles marquent la finitude de la substance pensante. Autrement dit, puisque les perfections que possède la substance pensante n'existent en elle qu'en puissance, c'est-à-dire de manière virtuelle, **la substance pensante demeure imparfaite**. Par opposition, l'idée de Dieu est celle d'un être qui possède de manière actuelle toutes les perfections : il ne peut être amélioré, il est déjà entièrement parfait. Autrement dit, aucune perfection ne peut lui être ajoutée, puisqu'il les possède déjà toutes.

Par conséquent, l'idée de Dieu, être parfait et infini, ne peut avoir été causée par la substance pensante elle-même, être imparfait et fini. **L'idée de Dieu est présente de manière innée dans la substance pensante**. Dès lors, si je trouve en moi cette idée d'un être infini, c'est qu'il existe, car lui seul a pu engendrer cette idée d'un être infini dans mon esprit. Ainsi, l'originalité de l'idée de Dieu réside dans le fait qu'**elle est la cause de son idée en moi**.

Dieu comme cause nécessaire de mon être

Pour nous convaincre de l'existence de Dieu, Descartes complète sa démonstration en ajoutant que **l'idée de Dieu est également la cause nécessaire de la substance pensante**.

Je suis un être qui doute, un être conscient de ses propres limites, un être imparfait. Or, **si un être fini** (moi ou mes parents) **était à l'origine de mon être**, j'aurais toutes les perfections liées à l'idée d'un être infini qui est en moi. Autrement dit, je me serais donné ou **j'aurais reçu toutes les perfections dont j'ai l'idée**. Je serais Dieu. Or ce n'est pas le cas. Je suis conscient de mes propres limites et de mon imperfection. Ainsi, l'origine de la substance pensante n'est pas un être fini.

De plus, si mon être a été créé, il l'est aussi continuellement : mon existence est comme une création à chaque fois renouvelée. Descartes développe alors l'idée de la conservation : j'ai été créé et, à chaque nouvel instant de ma vie, je suis de nouveau créé. **J'existe et je suis conservé dans le temps.** Dès lors, ce qui est à l'origine de la substance pensante doit avoir le pouvoir de la créer et aussi le pouvoir de continuellement renouveler cette création. Descartes précise que création et conservation, dans les faits, résultent du même pouvoir. Or **aucun être fini (moi ou mes parents) n'a ce pouvoir.** Le philosophe le prouve grâce à deux arguments :

- premièrement, si la substance pensante avait ce pouvoir, elle en aurait conscience. Autrement dit, cela apparaitrait à la substance pensante de manière évidente, ce qui n'est pas le cas. Donc la substance pensante n'a pas ce pouvoir de création et de conservation ;
- deuxièmement, si c'était un être fini qui avait le pouvoir de créer et de conserver dans le temps la substance pensante, comment expliquerait-on la présence de l'idée d'un être infini en elle ? Comme Descartes l'a précédemment démontré, le fini ne peut engendrer l'infini. Ainsi, la cause de la substance pensante, qui est également la cause de l'idée d'un être infini qui est en elle, doit elle-même être infinie. Autrement dit, il ne peut s'agir de la substance pensante.

Descartes arrive à la conclusion que :

- premièrement, **ce qui est ma cause doit contenir autant de perfections que l'idée que j'ai de l'être parfait** ;
- deuxièmement, **il doit m'avoir créé et me conserver** ;
- troisièmement, **cette cause ne peut être multiple car si**

elle est parfaite, elle doit être unique.

Ainsi, la cause de ma propre existence est nécessairement l'idée d'un être infini qui est en moi : Dieu. Et **si cette idée d'un être infini est la cause de mon existence, c'est qu'elle-même existe**. Descartes prouve ainsi l'existence de Dieu en montrant qu'il est la cause de mon être.

L'EXISTENCE DE DIEU ET LA VALIDITÉ DE LA CONNAISSANCE

Après avoir démontré l'existence de Dieu, Descartes en pose les conséquences dans les méditations suivantes : sa véracité et la validité de la connaissance.

Dieu est vérace

Nous l'avons vu, **Dieu est un être parfait**. Dès lors, **il ne peut vouloir nous tromper** systématiquement comme le ferait un malin génie, puisque **ce serait un signe de fai-blesse**, un défaut, une imperfection. Ainsi, **Dieu est vérace** : il est source de vérité.

La valeur de la pensée et l'existence du monde extérieur

Si Dieu est vérace, et puisqu'il est notre créateur, cela signifie qu'**il garantit la valeur de notre pensée**. Plus précisément, cela signifie que nos idées innées et les idées qui nous apparaissent comme évidentes après avoir été soumises à l'exercice de notre raison selon les préceptes stricts de la méthode cartésienne sont vraies.

De plus, **Dieu garantit également que ce que nous concevons comme vrai existe**. En effet, Dieu n'étant pas trompeur, il ne peut à chaque fois nous tromper quant à la compréhension que nous avons du monde extérieur, à la condition double d'avoir utilisé la raison (et non les sens) selon les préceptes de la méthode cartésienne.

BON À SAVOIR

Il est intéressant de préciser que plus loin, dans la cinquième méditation, Descartes apporte une autre preuve de l'existence de Dieu, preuve qui sera appelée par Emmanuel Kant (1724-1804), dans sa *Critique de la raison pure* (1781-1787), « argument ou preuve ontologique ». Cet argument ontologique consiste à prouver l'existence de Dieu par définition. En effet, Dieu, par définition, est un être parfait. Or s'il n'existait pas, il lui manquerait une perfection qui est celle de l'existence. Donc Dieu existe. Ainsi, c'est l'essence même de Dieu qui prouve son existence.

CONCLUSION

Par la méthode du doute méthodique (première méditation), Descartes établit une vérité indubitable, celle du
cogito (deuxième médiation). De là, il parvient à prouver
l'existence de Dieu et sa véracité (troisième méditation).
Ensuite, il démontre que la fausseté n'est pas produite par
Dieu, mais que c'est la volonté humaine qui est à son origine
(quatrième méditation). Après cela, il établit la validité de
l'essence des choses matérielles (cinquième méditation).
Finalement, il traite de l'existence des choses matérielles,
à travers l'imagination, et par la même occasion, il clarifie
la position de l'âme et du corps : à la fois distinct et unis
(sixième méditation).

Ainsi, **en suivant les principes de sa propre méthode**,
inspirée des mathématiques, partant du plus simple (l'évidence du *cogito*) pour aller vers le plus complexe (les choses
matérielles), **Descartes a mené à bien son projet : donner
à la connaissance des fondements stables et assurés et
donc la rendre valide**.

Parce qu'il inaugure la rupture avec la tradition scolastique,
décidant de donner une place prioritaire au doute et à la
raison, **Descartes est généralement considéré comme
l'initiateur de la pensée moderne**. Il annonce également
le siècle des Lumières (le XVIIIe siècle), qui consacrera la
toute-puissance de la raison.

Votre avis nous intéresse !
Laissez un commentaire sur le site de votre librairie en ligne
et partagez vos coups de cœur sur les réseaux sociaux !

POUR ALLER PLUS LOIN

- BESNIER (Jean-Michel), *Histoire de la philosophie moderne et contemporaine. Figures et Œuvres*, Paris, Grasset, 1993.
- DESCARTES (René), *Les Méditations métaphysiques*, Paris, GF-Flammarion, 1992.
- RUSS (Jacqueline), *Philosophie. Dictionnaire*, Paris, Bordas, 1991.
- RUSS (Jacqueline), *Philosophie. Les auteurs. Les œuvres*, Paris, Bordas, 1996.

Rendez-vous sur lepetitphilosophe.fr et découvrez :

Plus de 1200 analyses
Claires et synthétiques
Téléchargeables en 30 secondes
À imprimer chez soi

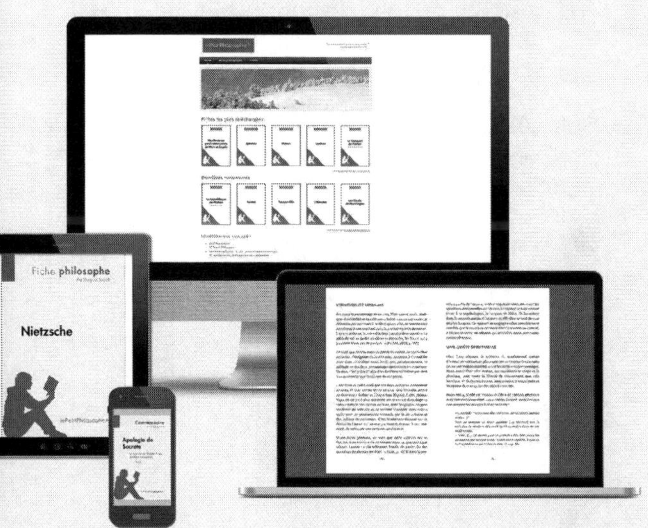

L'éditeur veille à la fiabilité des informations publiées, lesquelles ne pourraient toutefois engager sa responsabilité.

© LePetitPhilosophe.fr, 2017. Tous droits réservés.

www.lepetitphilosophe.fr

ISBN version numérique : 978-2-8062-4585-4
ISBN version papier : 978-2-8080-0149-6
Dépôt légal : D/2017/12603/533

Conception numérique : Primento,
le partenaire numérique des éditeurs.

Made in the USA
Monee, IL
07 July 2026